im am mit in an

im

Oma Opa Mama

Oma

Papa Mimi Lola

Papa

Pino Sami Ela

Pino

Lisa Ole Opi

Lisa

raten malen lesen

raten

Rose Lama Limo

Rose

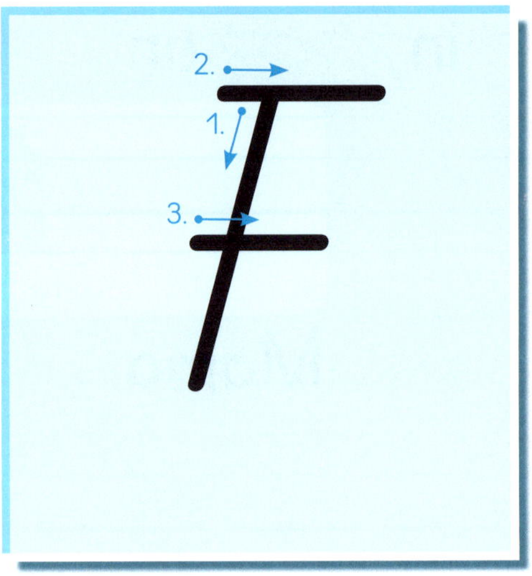

F

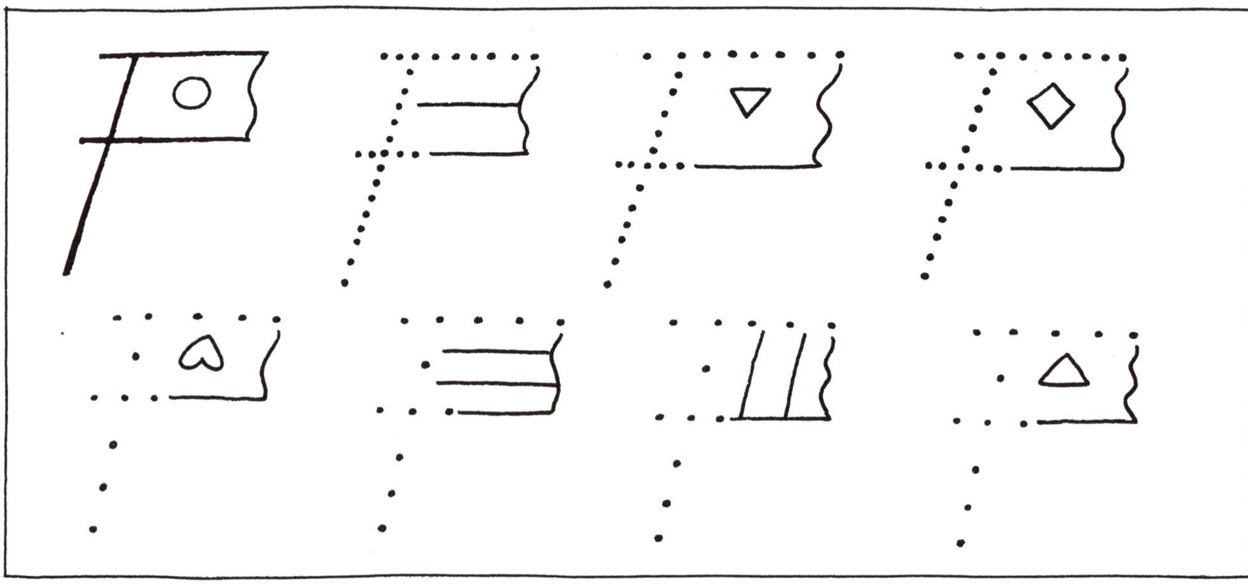

f

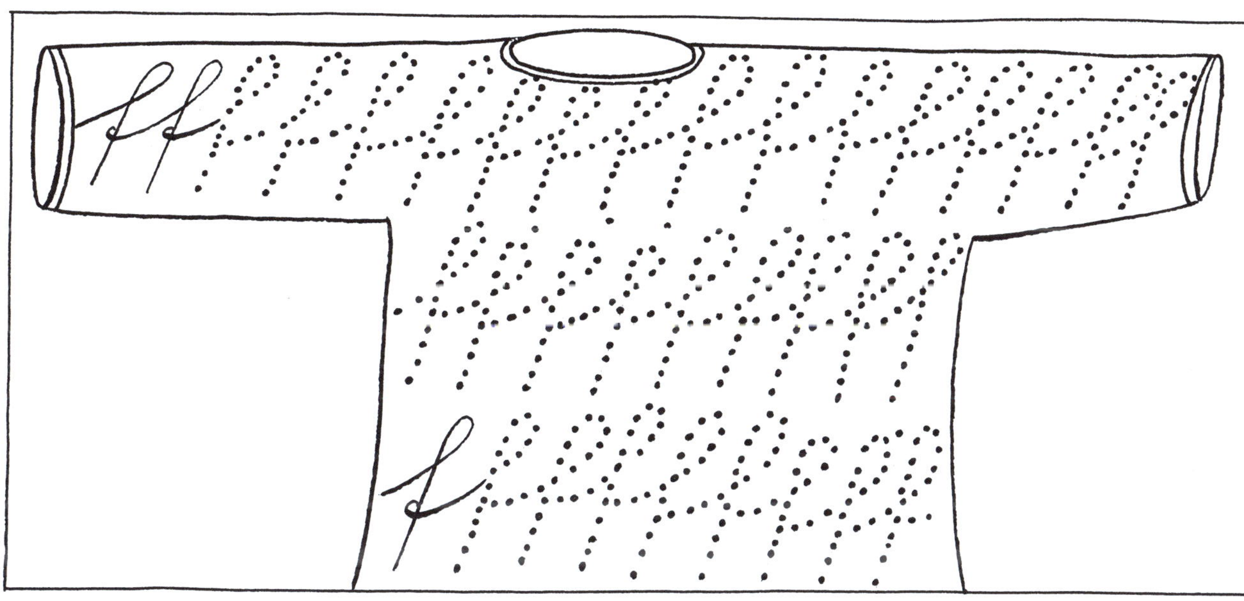

Ff Ff Ff

Fo Fo Fo Fo

of of of of

of of

Foto Foto Foto

Foto

Affe Affe Affe

Affe

Elefant

Elefant

ff ff ff ff

af af af af

Saff Saff Saff

Saff

of of of of

Sofa Sofa Sofa

Fotos mit Affen

Fotos

Lisa ist am Sofa.

Lisa

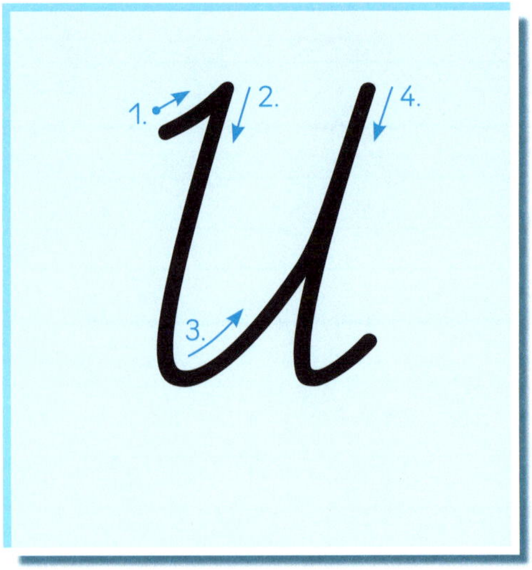

U

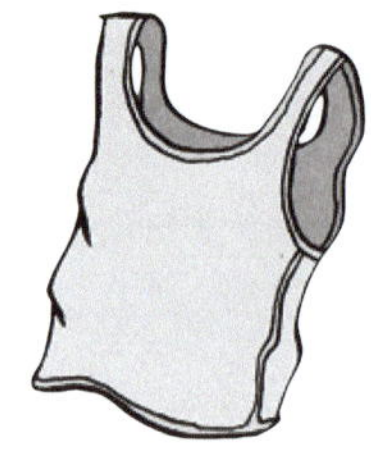

u u u u u u . . . . u

u u u u . . . . . . u

u u . . . . u

u . . . . u

u

Uu Uu Uu

Uf Uf Uf

Ufo Ufo Ufo

Ufo

um um um

um um

muss muss muss

muss

Su Su Su Su

rn rn rn rn

Turnen

Turnen

ru ru ru ru

uf uf uf uf

rufen rufen

rufen

nun nun nun

nun

Suppe

Suppe

Ei Ei

1. 2. 3. 4. 5.

Ei Ei Ei

ei ei ei

Ei ei Ei ei Ei ei

Eis Eis Eis

ein ein ein ein

eine eine eine

leise leise

ei

eine Meise am Nest

eine Ente im See

ein Foto mit Meisen

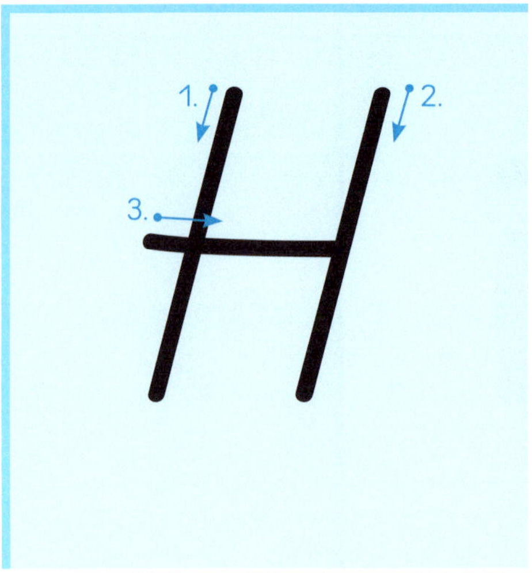

h

1. 2. 3.

h

h

hhhhhhhh h

hhh h

hh h

h h

Hh Hh Hh

Ho Ho Ho

Hof Hof Hof

Hose Hose Hose

He He He He

Helm Helm Helm

Hi Hi Hi

Hilfe Hilfe Hilfe

Ha Ha

Hase Hase

ha ha ha

has has has

ho ho ho

holen holen holen

he he he he

helfen helfen helfen

Lisa hat einen Helm.

Lisa

Alle holen Hilfe.

Alle

Au Au

1. 2. 3. 4. 5. 6.

Au Au Au

au au au

Au au Au au

Aut Aut Aut

Auto Auto

aut aut

laut laut

au

auf auf auf

aus aus aus

Tau Tau Tau

Raum Raum

rau rau rau

Traum Traum

Traum

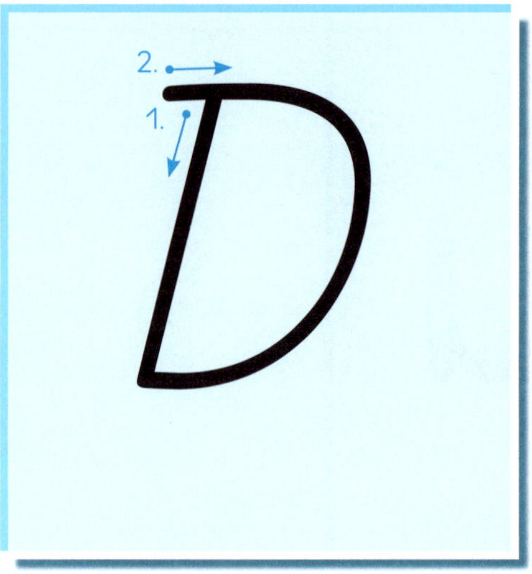

D

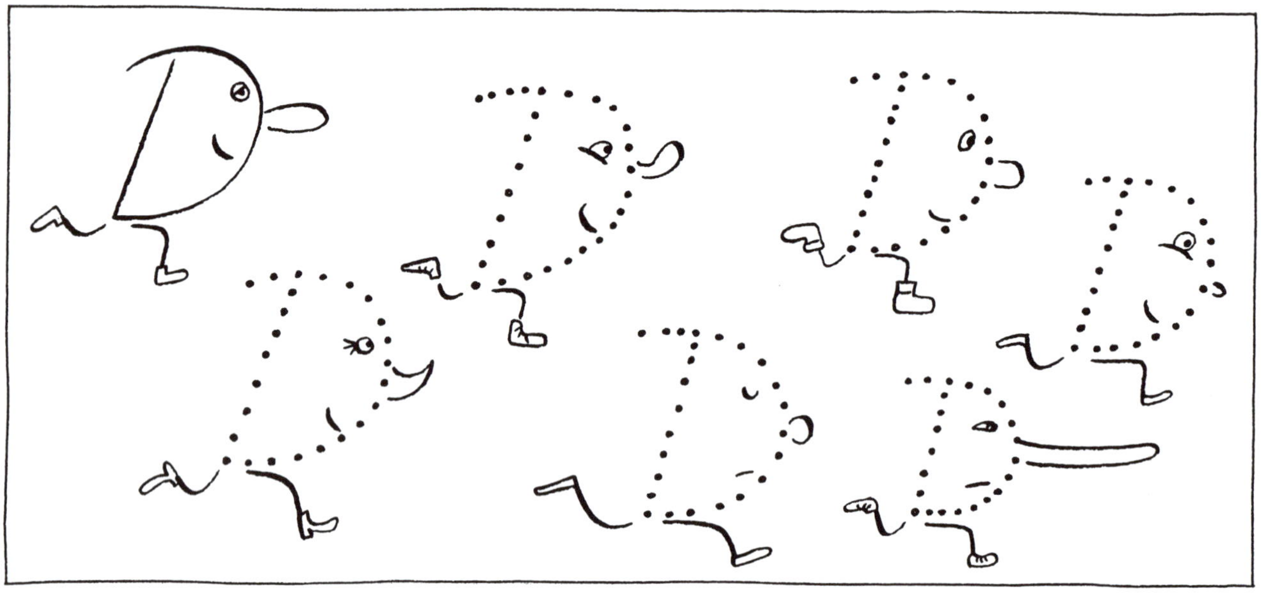

d

1. 2. 3. 4.

d

d d d d d d

d d d d

d d d

d d

D d D d D d

Do Do Do Do

Dose Dose Dose

Dose

Domino

Domino

du du du du

das das das

dein dein dein

dein

nd nd nd nd

finden finden

finden

und und und

und

sind sind sind

sind

der der der

Leder Leder

Leder

ch

ch

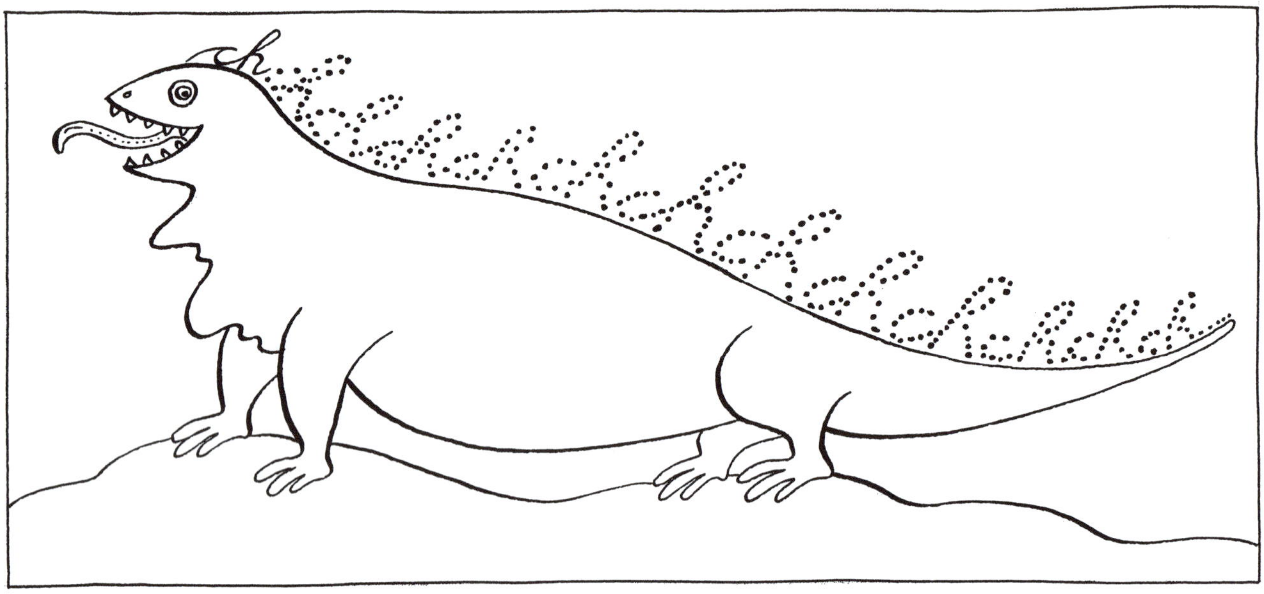

ch ch ch ch ch ch

ch ch ch ch

ch ch ch

ch ch

ach ach ach

Sachen Sachen

Sachen

machen machen

machen

Tuch Tuch Tuch

suchen suchen

suchen

och och

Loch Loch

w

w

w

Ww Ww Ww

Wa Wa Wa

Wal Wal Wal

Wal

Wald Wald Wald

Wald

Wasser Wasser

Wasser

Wer? Warum? Wo? Was?

Wer?

was was was

wo wo wo

wir wir wir

wer wer wer

wohnen wohnen

wohnen

Wer wohnt am Wasser?

Wer

Wer ist im Wald?

Wer

Warum taucht der Wal?

Warum

1. 2. 3.

K

K

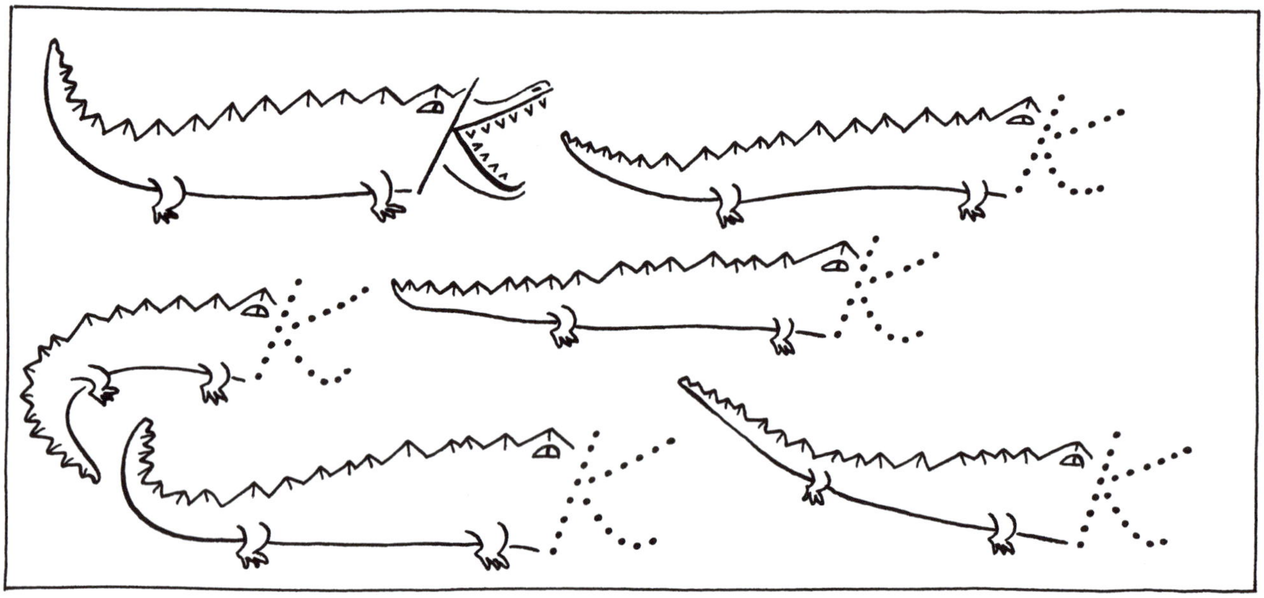

K K K K K K

K K K K

K K K

K K

k

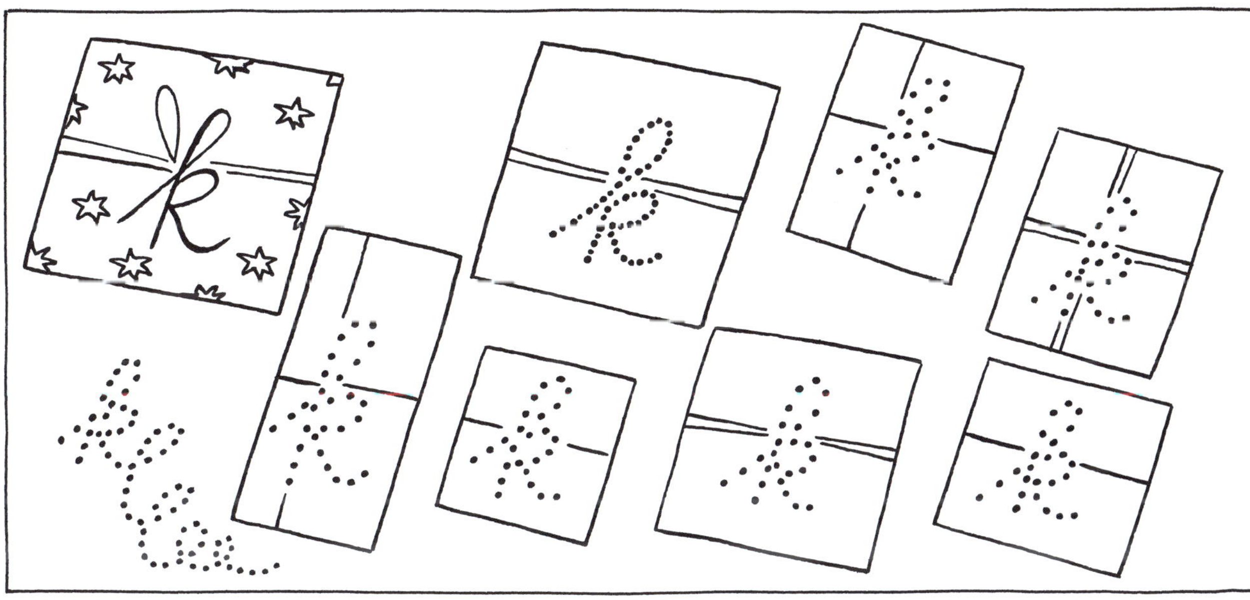

K k K k K k

Ka Ka Ka

Kasse Kasse Kasse

Kasse

Kiwi Kiwi Kiwi

ka ka ka

kaufen kaufen

kaufen

kochen kochen

kochen

kosten kosten

ak ak ak

Paket Paket Paket

Paket

nk nk nk

einkaufen

Was kosten Tomaten?

Was

Wo kauft Mo ein?

Wo

Lisa kocht Nudeln.

Lisa

Sch Sch

Sch Sch Sch

Scha Scha Scha

Schaum

Schaum

waschen

waschen

duschen

sch sch

sch sch sch

scho scho scho

schon schon schon

schon

Lisa und Mo duschen.

Lisa

Ich wasche mich.

Ich

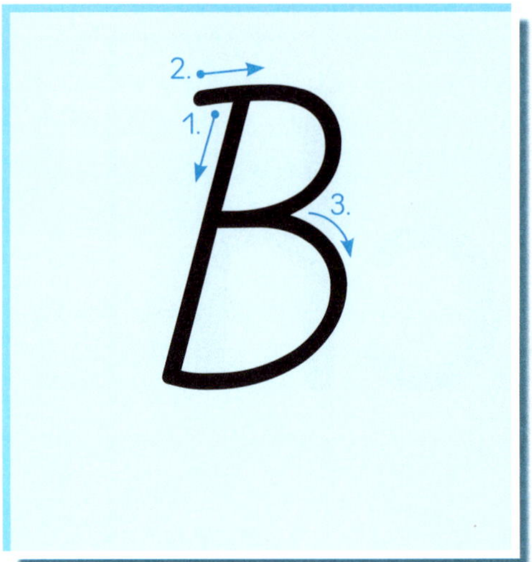

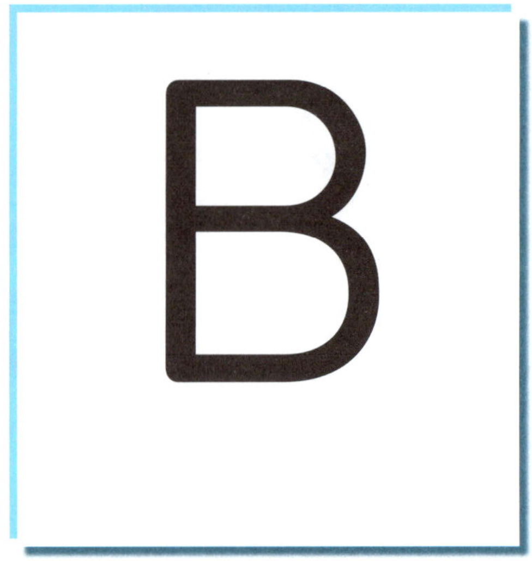

B B B B B B

B B B B

B B B

B B

b

B b B b B b

Be Be Be Be

Bein Bein

Bein

Besuch Besuch

Besuch

be be be be

bei bei bei

beide beide beide

beide

ab ab ab ab

haben haben

haben

ob ob ob ob

Soben Soben

Soben

Kalb Kalb Kalb

Kalb

Das Kalb ist im Hof.

Das

ie

ie ie ie

die die die

die die

Lief Lief Lief

Lief

lieb lieb lieb

lieb

Riesen Riesen

Riesen

sieben sieben

sieben

lief lief lief

lief

schlief schlief

schlief

Sieben Riesen niesen.

Sieben

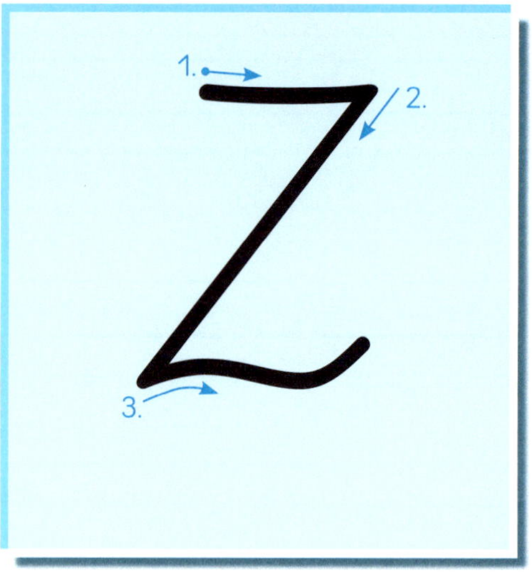

Z

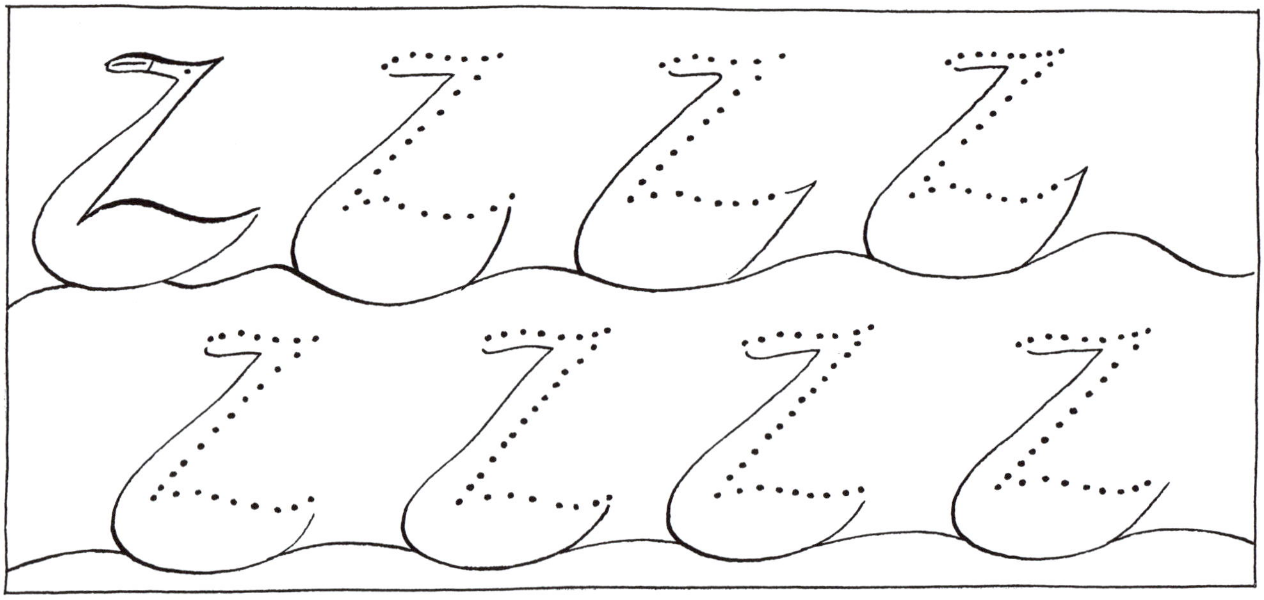

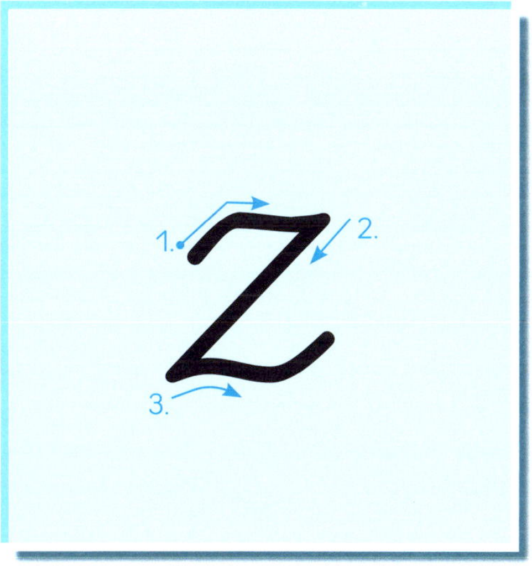

z

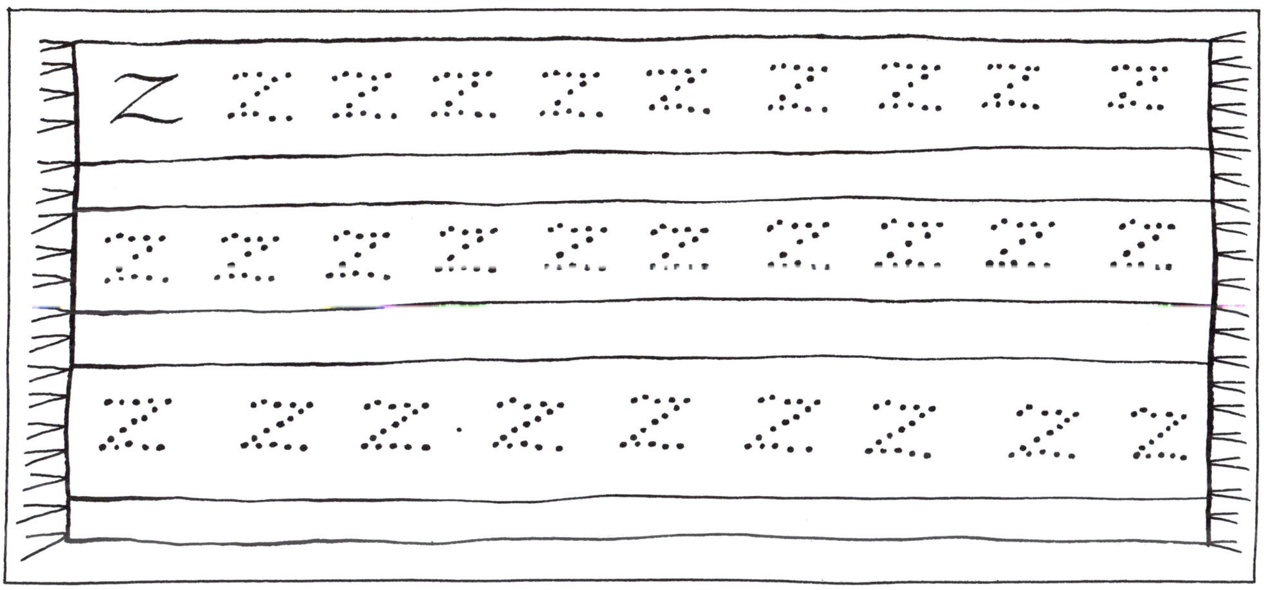

Zz Zz Zz

Zi Zi Zi Zi

Zirkus Zirkus

Zirkus

Za Za Za Za

Zauberer

Zauberer

Zu Zu Zu Zu

Zuschauer

Zuschauer

za za za za

rn rn rn

zaubern zaubern

zaubern

zu zu zu zu

zum zum

zur zur

nz nz nz nz

Tanzen Tanzen

Tanzen

G

1.
2.
3.
4.

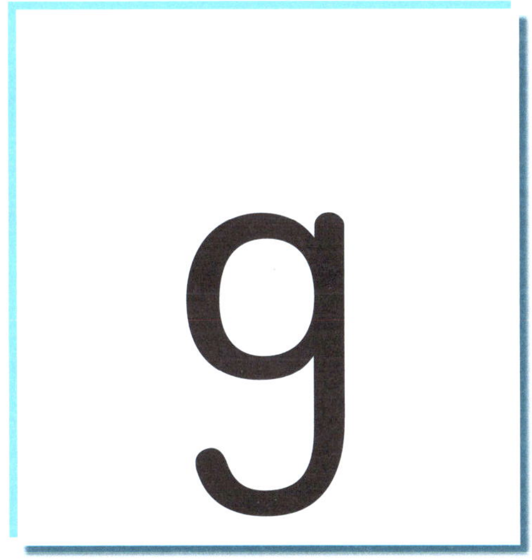

G g G g G g

Ge Ge Ge Ge

Geist Geist Geist

Geist

Gerippe Gerippe

Gerippe

Geheimnis

Geheimnis

ga ga ga ga

ganz ganz ganz

ge ge ge ge

ug ug ug ug

Auge Auge Auge

Auge

ag ag ag ag

sagen sagen sagen

sagen

eg eg eg eg

bewegen

bewegen

Musik machen

eine laute Hupe

Nudeln mit Tomaten

Lisa sucht das Telefon.

Ole schreibt einen Brief.

Momo hat eine Tasche.

Ich finde ein rotes Tuch.